DONDE DUERME LA LLUVIA

Rosa M.ª Marcillas

Colección ites

DONDE DUERME LA LLUVIA

© Rosa M.ª Marcillas Piquer
© Prólogo: Jorge Pérez Cebrián
© de esta edición: Olé Libros, 2024

ISBN: 978-84-10053-14-4
Depósito legal: V-515-2024
Impreso en España

KALOSINI, S. L.
Grupo editorial **olélibros**
equipo@olelibros.com
www.olelibros.com

Al silencio
por convertirme en canto
bajo la lluvia.

A mis hijos
porque en ellos perdura
mi frágil voz,
el tacto de mi piel,
la lluvia de mis sendas.

Hay momentos del hombre en que le duele
amar, pensar, mirar, sentirse vivo,
y se sabe en la tierra por azar
solo, inútilmente en ella.

FRANCISCO BRINES

La vida es un naufragio de una obstinada imagen
que ya nunca sabremos si existió,
pues sólo pertenece a un lugar extinguido.

FRANCISCO BRINES

—Míralo todo bien;
eso que pasa
no volverá jamás
y es ya igual que si nunca hubiese sido

efímera materia de tu vida.

ÁNGEL GONZÁLEZ

PRÓLOGO

EL SILENCIOSO SUEŃO DE LA LLUVIA

Regocíjate Dios, sueña viendo el animal
Pues no es el día, pero tampoco es el mal.
Toda la fuerza oscura y vaga de la tierra
Está en el bruto, larva augusta y solitaria.

VÍCTOR HUGO

En alguna parte, dicen los ecos de una civilización que todavía somos, tres mujeres tejen, miden y cortan un hilo. Cloto, la más joven, es la hilandera; Láquesis mide la hebra con su vara; Átropos, por último, sostiene paciente las tijeras. Incansables, su silencioso trabajo se inicia en el noveno mes de cada gestación y sus designios, subordinados a quién sabe qué necesario azar, son insobornables. Hijas, nos dice Hesíodo, de la Noche y la Oscuridad, hermanas de la Muerte y del Sueño, las tres mujeres fueron una, mucho antes de tener un nombre. Acaso un horror sagrado mecido en el seno de Micenas comprendió a los hombres bajo un mandato ineludible, subyugados a la cadena de un destino.

Nadie, ni siquiera un dios, podía escapar de sus oficios. Así Asclepio, dios de la medicina, a quien Sócrates encomendó su último deseo, fue muerto contra todo pronóstico, ante el peligro de que hiciera a los hombres inmortales. Así Afrodita ofrece sus placeres a hombres o dioses; así Hermes crea el alfabeto; y es así cómo todo lo viviente cumple su destino, su paciente, calculado y ciego destino.

Explicar la fatalidad de la vida en forma de tres mujeres es una forma de adecuar lo invisible, lo terrible y la angustia del porvenir al molde de nuestra todavía infantil imaginación. Este tripartito destino posee brazos, uñas, dientes, pelo, viste túnicas de un blanco desgarradoramente hermoso y, como la misma noche de la que nacieron, tiene nuestro cuerpo y habla nuestra lengua.

El mito, que de manera tan difusa como tajante ha tratado de separarse del *logos*, el saber, parece ser una forma primordial de entender nuestra inasible realidad y doblegarla a nuestra imaginación. *Voz de un tiempo originario más sabio*, dice Gadamer, trata de poner nombre en sus historias y traducir en sus predicados lo más complejo. Lacan nos dice que da una forma discursiva a aquello que no puede ser transmitido en la definición de la verdad. El mismo Freud ve en él vestigios de sombras entrevistas a través de unos ojos demasiado humanos. Si en el principio era el *logos*, entendido esta vez como verbo, si fue la palabra lo que bastó a Dios para crear el mundo, si fue el nombre de Roma un secreto bajo cuyo desvelamiento pereció Sorano, si una confesión puede crucificar al hijo del hombre o salvar un alma, no podemos negar a la palabra, en la remota oscuridad del tiempo y las civilizaciones, un poder que va más allá de lo mortal.

Este nombrar, como hiciera Adán con los animales, implicaría dar una vida, una historia, a ese *pneuma* universal que hacía mover las estrellas y regresar cada día el carro del sol. Movimiento y sonido, sangre y esqueleto de la música más original, son síntomas de la vida. Algo vivo, entonces, algo cuya vida más allá de la nuestra, está moviendo las esferas y ordenando nuestro universo. Darle su historia y transmitirla es el fin del mito.

Pasaron los siglos. Otro *logos*, en su acepción de saber contrapuesto al mito autoritario e irracional, fue avanzando y el árbol de la ciencia fue creciendo y ramificándose, alejando cada vez más unas de otras. El poeta no era ya el sacerdote que guardaba una verdad eterna, sino un espíritu viciado que contravenía la educación con su furor demoníaco. Los *veteris docti poetae* de Ovidio pasan al plano de la fantasía y la inspiración para, acaso, con el tiempo, convertirse en los artífices de un mero entretenimiento sensual. Ya no son los guardianes de un secreto al que se ha de entrar con los ojos vendados.

Esta separación puede entenderse fácilmente desde los parámetros de un crecimiento en la técnica tanto como de una progresiva adultez de la inteligencia. Así podemos comprender y transmitir generación tras generación lo abstracto y complejo de lo real de un modo que requiere cada vez menos de heroicas peripecias y metafóricas personificaciones.

Pero tomemos el presente como ejemplo de antípoda de este saber arcaico. No se trata tan solo de que nuestro deseo de poseer mediante el conocimiento la realidad no haya desaparecido (eso parece ser consustancial a nuestro ser), sino que hemos de recurrir a lo inimaginable de nuevo para imaginar. Ya Kant nos advirtió de las limitaciones del entendimiento para contemplar las cosas «en sí», esto es, tal y como son aun cuando nadie las ve, aun fuera de las limitaciones de la primera persona humana. Ver las cosas es traicionar su ser más puro y hacerlas asequibles a nuestro conocimiento, para inmediatamente después, por si no bastase, asignarles todo un marco de significados añadidos por nuestra experiencia o nuestras inclinaciones. Hoy, incluso en la ciencia, ya se busque explicar el comienzo del universo, la composición mínima de la materia o del mismo tiempo y el espacio, el ser humano debe hacer un ejercicio que la fenomenología llamará «epojé», esto es, suspensión del juicio. Algo en lo que no debemos, por nuestra propia incapacidad, ocupar nuestra atención. Imposible no recordar aquella *«willing suspension of disbelief»* en la que creía Coleridge sobre la que debía construirse toda lectura de ficción.

Simbolizar, personalizar, dar vida, motivos, fuerzas, deseos a las cosas... es algo tan natural como, dicen algunos, nuestra capacidad para dar nombres. La luna sigue al niño en la intimidad de cada noche, por más que avance, siempre lo mira con la misma fiel dulzura, y nace esa antigua *amica silentia lunae* que sentimos hacia la luna maternal, pura y mágica. Modificamos las cosas para hacerlas nuestras, aunque no queramos, porque así reelaboramos las sensaciones y las transformamos en parte de nuestro mundo. Abandonan la aséptica realidad de los hechos para incluirse en la gramática de un saber creado por nosotros en el que todo significa, en el que todo está enfermo de nosotros. Esta traición de la palabra, de la que no podemos librarnos, esta desvirtuación de lo real, es lo que compone nuestro mundo.

Muchas han sido las relaciones que se han expuesto entre el lenguaje y la realidad. Dar nombre es objetivar, casi hacer materia, algo que puede incluso estar solo en nuestra mente. Así, un niño no solo pronunciará manzana, dirá también *nada, adiós, miedo, querer...*, elementos que existen aunque no los podamos tocar, una realidad más allá de la denotación. Ignorar esto y pretender que solo lo palpable es real es una especie de deificación del tacto. Las relaciones, las ideas, los conceptos, las historias... tienen su realidad tanto como los árboles y las piedras. La humanidad avanza y, en su continuo descubrir lo que le rodea y lo puebla, debe dar nuevos nombres (y a veces, también, olvidar los antiguos), y, mientras ese mundo nuestro no se amplía, todo habita intacto en la realidad, esperando su turno para recibir la luz del mundo, o la sucia agua bautismal de nuestro conocimiento, en la abismal pureza del silencio.

Es ahí, en el silencio, donde duermen su lento sueño las cosas que pueblan lo real, antes acaso de ser pervertidas por la palabra, por nuestras humanas proyecciones y tergiversaciones. Con sus ojos cerrados, habitan el universo a la espera de que una boca las pronuncie y, una vez allí, sean mancilladas por nuestra incomprensión. Cabe todo en el silencio que antecede al mundo. Allí las tres damas son todavía la necesidad innombrable, los dioses todavía no se han reducido a un cuerpo y las estrellas más lejanas son más que meros puntos en la noche. Este silencio en el que todo nace y muere, en el que todo cabe, es la raíz más profunda de la existencia.

Y es ahí, en esta desaparición de la gramática del tiempo, de la memoria y el deseo, del poder sobre las cosas, donde todo habita de manera pura, sin mácula de humanidad. Es aquí, en la mirada del animal, donde habita la eternidad. Allí lo absoluto guarda en su silencio algo trascendente. Una mirada sin tiempo, de ahí su papel habitual de psicopompos, de guías entre las dos orillas, que ejercen en tantas mitologías.

Este silencio, «esposo lascivo de lo infinito que antes del verbo ha rugido, silbado, relinchado», solo ve lastrado su poder por su ruptura humana. Es la palabra la que limita nuestro saber y delata nuestra incapacidad. Es por ello por lo que acaso el poeta no ame la lengua más que como el hombre ama la tierra, esto es, para doblegarla y someterla a sus deseos. La lengua sirve de puente entre Lo Otro y el yo. El silencio quizá sea lo que realmente los unifique. Ser lo eterno implica despojarse de nuestra carne, pero ante esta imposibilidad surge Lo Otro como amor, el rostro del Otro como infinito contra la totalidad, como quisiera Levinas, surge la palabra como algo más que limitación, la palabra como poema.

Cuando la frágil voz

sigilosa enmudece
y olvida las palabras que aprendió.

Rosa M.ª Marcillas sabe lo que guarda el silencio, ese extraño clamor de verdades furtivas que nos asalta ya como primeros versos. Como un aviso sobre una puerta que nos indicará que abandonemos toda esperanza de hallar verdad en la palabra más allá de su desaparición, más allá de su conversión en puro canto alado. La poeta conoce la insuficiencia de la palabra y, entre sus versos, entre la señal de las cosas que componen su canto, existe el síntoma culpable del silencio. De aquel continente de lo eterno, de lo inasible, que ningún sonido o grafía pueden contener.

¿Qué contiene una sola palabra? No debemos dejarnos llevar por la superstición de los diccionarios. Hay mucho más, tantas intimidades y relaciones que agotarían, en el más exhaustivo intento de descripción, la totalidad de lo que somos y de lo que existe. Sin embargo, en este libro no se pone tan solo implícitamente en cuestión la posibilidad de nombrar sin robarle al silencio su verdad, en este libro hay, también, una vida, y la palabra más íntima de cualquier vida es, al fin y al cabo, su nombre.

Aquello que un nombre propio contenga es sin duda algo misterioso. ¿Qué hay tras nuestro nombre? Esto es lo mismo que preguntar ¿qué somos? O incluso ¿cuándo somos? ¿Somos nuestro ahora? Este no pasa de ser un mero instante en el que el porvenir se petrifica en pasado. ¿Acaso somos nuestros recuerdos? Cada recuerdo permanece inactivo, en un sueño profundo, hasta que un estímulo lo despierta para nosotros. Posiblemente guardemos más recuerdos de los que recordaremos en nuestra vida y, con certeza, esos recuerdos tan solo tangencialmente harán referencia al hecho *real*, sea lo que sea lo que queramos decir con esta palabra, que propició su huella.

La síntesis de nuestros recuerdos sería una especie de ilusión trascendental. Desde nuestra propia perspectiva, nunca seremos más que una sensación de fondo que unifica supersticiosamente todo lo que ha pasado por nuestra conciencia. Aquella realidad de la que solo quedan los recuerdos y también el olvido. Cada minucioso instante en el que estamos viviendo añade un predicado, vago tal vez, quizá trivial a menudo, a todo lo que somos. Cabe la posibilidad, en fin, de que seamos un cómputo de instantes en los que hemos sido, aun cuando estos no condesciendan a ser recuerdo, frase, imagen o conciencia.

Todo lo que nos sucede es parte de nuestra vida. Es nuestro nombre. Las manifestaciones conscientes de estos pasados no hacen sino rectificar y traicionar su realidad. Permanecen puras e intactas en nosotros aun cuando no son alcanzadas por la conciencia retrospectiva. Todo es parte de nuestra vida y, al final, toda esta vida permanece en silencio. En ese camino, la culpa de la nostalgia sucede sobre las piedras que todavía guardan, calladas e indolentes, perfectamente ajenas y nuestras, los pasos que desaparecieron. En los caminos que somos perdura el eco, pero sigue sucediendo al universo cada hecho que compuso nuestro ser. Por eso nada se pierde del todo y acaso nada haya dejado del todo nuestra vida.

La nostalgia quizá sea el escenario de estos versos pero, temo, aquí hablan de algo más. Hay aquí reconocimiento del dolor, del infinito que anida en la noche, en el silencio, culpa por alcanzar lo infinito solo a través del poema, que se dirige al silencio como a un amigo traicionado, los futuros perdidos en el azar, la luz de los ojos del otro que nos dotan de infinito contra la cerrada totalidad del ser. Y allí, contra el olvido, el dolor de ser humanos, de que no sea para nuestros oídos el lenguaje en el que habla lo eterno, de que tan solo podamos recordar para revivir, de que esté en otras manos nuestra alma, de que hayamos de refugiarnos en la palabra contra el tiempo.

En estos callados versos, alados en su canto, hallo algo de esa cegadora verdad que no nos precisa para existir. Rosa M.ª Marcillas ha hecho del verso una danza donde el movimiento de lo innombrable sucede entre la nostalgia, el amor y el dolor. Ha devuelto, en estos versos, lo invisible a la palabra. Y ahora callo. Y dejo que sucedan a estas palabras esos instantes de silencio que preceden a toda interpretación musical y digo, con Wittgenstein, que hemos de callar, callar porque no podríamos de otro modo decir «qué extraordinario que las cosas existan» o «qué extraordinario que el mundo exista» con más palabras que aquellas que guarda el silencio, allí, quizá, donde todo sucede. Donde duerme su lento sueño, antes de ser sus gotas, la primera lluvia.

Jorge Pérez Cebrián

Los silencios desvelan
un extraño clamor
de verdades furtivas.
Entre tus sombras,
allí donde la lluvia
remansa su tristeza,
florece el canto;
el canto de la luz
que arrebata y entrega
la vida a un mismo tiempo.

La Albufera, Valencia.

Habitan los arcenes de la memoria antiguas lluvias que anegaron los caminos, las alambradas que sin querer construyen los silencios, el polvo que las sombras dejan sobre los días. Mientras la oscuridad oculta tus vacíos, intentas olvidar que aún existen. Dibujas frente a tus ojos un horizonte azul, vuelves a caminar junto al frágil rastro que la luna olvidó en otro mar.

Tras la puerta cerrada, el murmullo constante de tus tinieblas; todo el frío que esconden, cuando llega la tarde, huye por las rendijas hasta arañar tu piel. Abre las cicatrices que creías curadas y vuelves a extraviarte en el dolor.

—Sigues sin comprender en qué has errado; tan solo no supiste alzar tu voz, protegerte del viento y seguir adelante, dejando en los caminos la piel muerta—.

I.
UN EXTRAÑO CLAMOR

No es la tormenta de los que miran,
sino el ruido interior
lo que nos conduce
debajo
de los puentes.
MAR BUSQUETS

Acueducto. Planes de la Baronía, Alicante.

TUS VERSOS SON EL CAUCE DE LA VIDA

por donde corre el agua
                              y la muerte,
el amor y la sed de tu carne;

recogen las tormentas y sequías,
la erosión de tus manos,
                              su perfume.
Son paisajes
              poblados de silencios,
la luz de tus caminos,
el temblor de las dudas y sus sombras.

Y en su afán de ser aire
traspasan las orillas de la piel
para infundir un vuelo
                              infinito.

NOS PERTENECE

El tiempo se detiene entre los surcos
de la cansada piel de tu memoria.

Se estiran y se funden
las horas grises en la carne
vistiéndose de ausencias y pesar;

es la estación más fría
en la que pronto nos rendimos,
cuando se rompen nuestras alas
y abandonan los sueños sus orillas,

cuando la frágil voz
                    sigilosa enmudece
y olvida las palabras que aprendió.

Pero en algún lugar
                    —aunque lo ignores—
su estela de ámbar
                    nos pertenece.

Y DESPUÉS

¿Qué piel se acordará de mis caricias,
si en su calor ya llevan el olvido,
aquella sombra donde nadie
podrá volver
                a sentir?

Y los días irán
extinguiendo la sed
                        de tus ojos,
deshabitando el alma y la carne
hasta borrar de golpe
                        todas sus lluvias,
hasta fundirte
            en el silencio.

No es un error aquello que tú diste.

Un profundo cansancio
                        cambiará tu destino
cuando alcances la puerta de salida;

y seguirán las sombras
recordando en la noche
                        tus pisadas.

El viaje

En toda piel aguarda un despertar;

después de que las lluvias
aneguen sus caminos
y las horas los cubran de dolor,

un rojo amanecer
sobre la mansedumbre de los días
traerá el dulce olvido
en un extraño viaje
desde el barro y las sombras
                              hacia la luz.

Y en cada poro
un rumor de hojarasca
                    y de vida.

UNA SOMBRA

A veces nos perdemos en la herida;

el dolor nos aleja del camino,
extraviados y sin saber
dónde el mundo nos duele,

mudamos la primera piel.

Pero siempre nos queda
en las capas más hondas,
a pesar de las lluvias

—*como el tronco del árbol*
que en su corteza guarda
toda su historia—

aquel paisaje,

sus arcenes poblados
     de amapolas y espigas
vuelven a florecer
    todas las primaveras.

      Y al retomar el vuelo
      permanece una sombra
      aferrada a tus pies.

La verdad

Las palabras ocultan las heridas
que el tiempo dibujó sobre tu piel,
intentan encubrir,
                    bajo falsa apariencia,
el origen preciso del dolor.

Pero cuando
un torrente de sal
                    las libera,
se agolpan en los labios
                    y salen desbocadas,
algo se quiebra muy adentro;

y las lágrimas fluyen
                    a borbotones.

El agua limpia
                    y empuja los rescoldos
que el aire va dejando entre tus sombras.

                    Mas el silencio nunca miente.

Acoger los silencios de la noche,
sentir su claridad,
a veces cauteriza nuestras llagas
y hace que nunca vuelvan
                    a supurar.

                    Las palabras nos suelen
                    esconder la verdad.

Nos sorprende

Se desnuda la noche
          del fragor de sus sueños;

se muestra descarnada
como un jardín umbrío
          habitado de sombras,
una casa vacía
          donde viven las voces
de las ausencias.

Cuando esto ocurre
en la piel nos aguardan
las heridas que el tiempo demorado
se resistió a sanar.

De qué modo sorprende
          sobre la carne,
en el cuerpo vencido
          la propia oscuridad.

Últimas tardes

Detrás de sus pupilas
                    aguardan los silencios,
el temblor de la sed
                    que el aire fue fraguando.

Una laguna verde en la mirada
recoge la tristeza de las lluvias,
el rumor de los pasos
                    que esculpieron la noche.

Son las últimas horas,
allí donde nos vence
                    la piel cansada.

Tras los cristales
                    de esa ventana al mundo
sigue la vida;

a ti solo te espera
ese camino incierto
                    de soledad.

La piel muerta

A veces se silencia la epidermis
                              y nada logra
cruzar las alambradas
                    que construye el dolor.

A veces una esquirla
                  de frágil luz
atraviesa punzantes púas
                      que nos defienden,
se filtra entre silencios
y en las angostas sendas del olvido

                        —donde se ocultan
                        los lodos del pasado,
                        desde su herida—
amanece de nuevo
toda piel muerta.

Caminos

Los paisajes exhalan entre sombras
el cansancio del tiempo,
$\qquad\qquad$ sus cicatrices;

donde anduvo el dolor
la memoria perdura en cada piedra.

Hoy nos sorprenden
las caprichosas calles,
$\qquad\qquad$ sus esquinas,
la soledad en los antiguos muros,
el apacible canto de la luz
entre las ramas muertas de una acacia.

Somos caminos
donde perdura el eco
$\qquad\qquad$ de nuestras voces,
el asombro que anega nuestra piel,
el aire en su temblor
$\qquad\qquad$ que nos sacude.

En el silencio

I

Hace ya tanto que se fue
que casi nadie sabe
cómo era.

Sin horizonte
el brillo de su mar
se fue extinguiendo;
hoy respira en los pliegues
oscuros de las olas.

Busca su frágil voz
las sombras del camino
                  que habitaron su piel,
en el morir sin tregua
              de la tarde.

II

Sigue doliendo el aire entre sus sombras,
en las lindes que el lodo silenció.

De las cimas más altas a los valles
descendieron las brumas tan espesas
que empañaron la piel
>   y su memoria.

Su vida es un espejo moteado
que ha perdido su azogue y no devuelve
aquella imagen nítida
>   que tanto amó.

Ya no existen palabras que la nombren,
se ha extraviado en la senda más oscura
en un viaje
>   sin retorno.

Vivir sin voz
deshabitar el alma
es morir
en el silencio.

Estatua de bronce, Tereseta. Xixona, Alicante.

Un tiempo muerto

Los espacios cerrados guardan
el hedor de aquel tiempo
que los llenó de luz,
una atmósfera líquida
que recubre la piel
de la memoria.

Si permanecen
más de la cuenta
                    en ese estado,
el aire se vuelve denso
                    y empieza a enrarecer,
las bisagras chirrían
                    a media tarde
esperando que el viento
abra de golpe
todas sus puertas.

Vivir alimentando
un tiempo muerto,
esas sombras que vuelven
con sus guadañas,
te hace olvidar
hacia dónde caminas,
perderte en un paisaje
sin horizonte.

Una extraña razón

El agua siempre busca sus caminos,
aquellos que con fuerza dibujó;

sus pasos repetidos en el tiempo
erosionan las piedras, sus aristas,
y calan en los surcos de la tierra
hasta lamer
              la oscuridad.

También ocurre así
                    —sin darnos cuenta—
sobre la piel del hombre a la intemperie
la lluvia va dejando un rasguño,
un reguero de sombras, una muesca;

modificando el cauce de sus ríos.

La memoria del agua determina
el horizonte
              hacia el cual caminamos;

aunque la carne olvide
                    esa extraña razón.

ESTABA ESCRITO

Hay aires que heredamos de familia:
el color de los ojos,
la forma de mirar o de movernos,
pero también
viejas supersticiones,
                estériles creencias,
esa forma de ser
           tan tuya.

Las alambradas
            que el tiempo no derriba
permanecen secretas en tus sombras,
estrechando el camino
              bajo tus pies.

—Y pensabas que el tiempo
no podía ganar
          la jugada—.

A veces no quisiéramos
parecernos a otros,
repetir sus errores;

pero resulta
          inevitable.

Solo son cosas
de familia.

ELEGÍA

Cuando las olas cubran
               y arrastren tus pisadas
mar adentro,
tal vez la arena no recuerde
la oquedad de tus pasos;
pero en el aire
entre las sombras

       —como una suave música inaudible—

quizá siga sonando
             el fragor de tus pies.

Sigue el camino
          hasta el final
y escucha en los arcenes,
allí donde la tierra
remansa su nostalgia,
siempre renacen
las viejas melodías
          como amapolas.

Al final del camino

Una morada oscura es la memoria
donde habitan las sombras del pasado,
el temblor de las voces que se extinguen;

donde al caer la tarde
                    si miras en su espejo
solo encuentras
            la soledad.

En ella palpas
todas las grietas
que las horas dejaron
hendidas en tu carne.

Desde el frágil vacío
que hay en tu alma
caminas en silencio,
recuerdas entre brumas
y cansado descubres:

que casi nada
            de todo lo vivido
permanece al final.

Como la arena entre las manos
dejándonos sin nada
se escapa el tiempo.

POR LA VIDA

Llevamos una venda
                sobre los ojos
que nos impide
reconocer la lluvia
             en otra carne,
la sed
     en otros labios.

Andar a ciegas
por el miedo a perderse en las orillas
de otro mar
es negarse a sentir la vida,
esconder entre sombras
el temblor de estar vivo.

Algunas veces
nos quitamos la venda
y aunque la luz nos dañe
queremos apostar
            por la vida.

DESDE UN POEMA

Acarician las sombras de la tarde
los silencios que juegan en la orilla
de un abrazo tendido
                        desde la ausencia.

Cómo es posible sin fijar mis ojos
en tus pupilas,
                ni sentir
el calor de la piel sobre la carne:

la plenitud que vierten las palabras
sobre la soledad.

Desde un poema
se desliza entre líneas
la blanca voz del tiempo.

Descubrir el dolor
bajo la herida.
Reconocer las sombras
en tus silencios.
Palpar la noche,
pero quizás también
la luz del alba,
es tan solo escribir
la soledad.

Cantagallo, Salamanca.

II.
LOS VIEJOS CHARCOS

He regresado al agua
para entender la claridad,
la luz se abre paso en tu cuerpo
como un barco en la niebla.

PEDRO VILLAR

Lagunas de Ruidera, Albacete.

No pudiste mirarme,

descubrir en mis ojos el vacío,
la herida que la indiferencia
hendió sobre la piel;
esa marea añil
que fue creciendo en las entrañas
y devolvió las sombras a los charcos,
allí donde la lluvia
                    remansa su dolor.

No es el silencio
                lo que más duele,
quizá sea
la falta de palabras
                para decir adiós.

Hay lugares que nunca volverán
a respirar su luz.

TEMPESTADES

Descubren los silencios los naufragios
bajo las horas grises de la tarde.

Descalza y sin abrigo
                                    recorres el pasado;
no quisieras volver
al punto de partida.

Pero las sombras sin jinete
cabalgan desbocadas;

—como los cardos,
van creciendo en las lindes
de la nostalgia—.

Los recuerdos a veces
                                    nos extravían,
nos convierten en náufragos
de nuestras propias
                                    tempestades.

KINTSUGI

Entre las hojas
quebranta la quietud
un solo vuelo.

Algunas voces
son armas peligrosas,
cuchillos que afilados
penetran en la piel,
hasta el centro neurálgico
del dolor,
luego brota la sangre
para limpiar el corte.

Toda palabra sueña un despertar
y determina
           un camino.

No dejes que en las noches
siga doliendo
              todo el pasado,
ni que el dolor conduzca tus pisadas
hacia un abismo.

Cubre de oro
           tus cicatrices,
ellas te otorgan
              sabiduría.
Y déjate llevar.

La lluvia moja y cala entre los surcos
y permite que vuelva a florecer
                    la vieja herida.

Bajo otra luz

Vuelve a mecer el aire las espigas;

entre sus finos tallos
                    bajo las nubes,
la luz que nos serena la mirada
insiste en recorrer por un instante
la música que amamos entre brumas,
los vacíos del viento, las ausencias,
los arrullos del agua de las lluvias.

Nada regresa nunca como fue,

se esconde la verdad entre nostalgias,
en rasgados silencios de la tarde.

Entre sus poros
vuelve a mecer el viento
todo el pasado,
las alargadas sombras
de lo que tanto amaste.

DESDE EL SILLÓN

Va creciendo la rosa del olvido
bajo la luz más tenue de los días,
oscurecen las voces que tan frágiles
se esfuman en los surcos de la piel.

Ya nada permanece, ni su rastro,
en las sombras vacías de la edad.

Mira sus ojos,
los que prendieron
en la tersa fragancia de la aurora,
nada perdura en ellos
                    salvo la soledad.

En sus pupilas
va surcando la noche
ya sin retorno.

RECUERDA

La piel jamás olvida sus tormentas;

las aguas que cubrieron sus caminos,
que anegaron bancales
                y arcenes
llenándolos de barro y de dolor,

la fuerza de la lluvia
                que marchitó sus frutos.

Mas el agua se filtra entre las grietas
llegando hasta las capas más profundas
donde late otra vida
             silenciosa.

También es alimento su presencia.

Sacia la sed
          de las viejas raíces
que se aferran al suelo con vigor
impidiendo el arrastre de la tierra,
cuando llegan riadas,
                sus herrumbres.

Después de un aguacero,
cuando vuelve a lucir el sol,
todos los árboles
parecen renacer
            fortalecidos.

La piel, como la tierra,
                jamás olvida
los caminos del agua.

PRIMERAS CARICIAS

¿Dónde buscar tus manos, sus caricias,
aquellas que prendieron mi inocencia,
la profunda memoria de la carne
en el sutil deseo de su luz?

En cada poro esconde su calor
la ciega levedad del ser en sus heridas,
y amanece su ausencia cada noche
desde la oscuridad, en sus destellos.

¿Dónde encontrar tus manos, su perfume,
que abrieron mi horizonte en las tinieblas?

Lleva el aire el olvido entre sus dedos
como la luz más frágil ya cansada,
el temblor de las sombras, los lamentos
de las voces que mueren entre brumas.

—Cuánta vida se esconde
en el olvido—.

ESA SED

que asoma tras los ojos
casi nos hiere;

arrastra los desiertos
antiguos que perduran
bajo la piel,

atraviesa las sombras,

sobrepasa contornos,

alcanzando la orilla
de un mar oscuro

y hasta puede cortar
el filo de su espada.

Frente al espejo
cómo duele la sed
que nunca ha de saciarse.

SENDEROS, EN EL BOSQUE

Uno sale de casi todo
              fortalecido:
de las lluvias que colman
los viejos charcos,
los recuerdos que traen
antiguas sombras,
las heridas que escuecen
a pesar de sus lunas;

casi siempre nos hacen
endurecer la piel.

Pero llega un momento,
tarde o temprano
que se nos rompe el alma
y toda aquella fuerza
que parecía contenernos
se viene abajo.

Descubrimos sin duda
que cada poro exhala
el temblor de los pasos
que jamás dimos.

Bajo otra luz
hay senderos que nunca
se cubrirán de olvido
por más que crezca el bosque.

En los silencios
más allá de la sombra
aquella voz,
la claridad del aire
—cuanto poseo—
hoy viéndome nacer.

Parque Natural El Hondo. Crevillente, Alicante.

III.
PALPAR LA CLARIDAD

Y nada más.
Tan pocas cosas para alzar la vida.
Tan poco basta.
JORGE PÉREZ CEBRIÁN

Parque Natural El Hondo. Crevillente, Alicante.

TAN POCO BASTA

¿Y quién devolverá a mi voz
                    las luces de la aurora,
el suave roce del silencio
sobre la piel mojada por la ausencia?

¿Y quién me mirará a la cara,
apoyará en mi hombro su cabeza,
abrazará mis dudas
cubriendo con sus manos
                    todas mis sombras?

Caminarán mis pies entre la niebla
dejando un rastro de dolor,
un vacío, una herida,
la sed que nadie
                    podrá colmar.

Emprender el camino en soledad
                    después de una caída,

redescubrir el mundo, sus paisajes,
el intenso perfume de las flores

y mirar con asombro su belleza;

solo tus ojos
          podrán hacerlo,
ellos devolverán
          la luz a tus pupilas.

Comprenderás

Cuando tus miedos
oculten los caminos
y se extravíe tu mirada
en un extraño mar
             sin horizonte,

tal vez lleves contigo
la luz de las auroras,
las caricias que el aire te rindió.

Comprenderás
que intentaste llenar tus manos
hasta perderte
             en la ambición.
Pero ahora
cuando el tiempo te pone de rodillas
y echas la vista atrás,
no hacen falta respuestas,
siempre estuvieron
             ante tus ojos,
tan evidentes.

Ya no te asusta el ruido de la vida.

Blancas adelfas
van cubriendo de olvido
todos tus pasos.

Cada día

Porque la luz es siempre fugitiva
sobre la oscuridad,
un resplandor en medio del vacío.

LUIS GARCÍA MONTERO

La luz ha desbordado a la tristeza,
los ecos insaciables de la noche
huyen dejando atrás
         un poso de dolor.

Y vuelve la alegría entre las ramas,
el canto de las aves migratorias
a despertar el mundo de su ensueño.

Pero la claridad sabe certera,
como también lo sabes tú,
que cuando alcanza siempre su esplendor
empieza su descenso
         hacia la muerte.

Siempre ocurre lo mismo, los opuestos
luchan y se suceden
         hasta extinguirse.
Cada día la luz
devuelve a la mirada el horizonte,
la inmensidad del mar bajo las nubes,
la frescura del aire sobre la piel,
el renacer del mundo
         tras su muerte.

Es preciso morir
para nacer de nuevo
al alba.

LLEGARÁ

Perteneces al aire aunque lo ignores;

a las sombras que cubren los arcenes,
al silencio que anega tus caminos,
a esa casa vacía
           que ya no es tuya.

Y aunque no quieras
                serás el polvo,
el olvido que corre
               como el agua
sobre el haz de la tierra.

Tus manos quedarán vacías
así como llegaron a este mundo,

tu voz será la aurora
              y en tu cuerpo

germinará de sus entrañas
la nueva primavera.

La luz redimirá tu noche
allí donde la lluvia
             engulle sus cenizas;

no temas a la muerte
y volverás a ser
          la claridad.

DEL AIRE

No importa que la brisa
se lleve tus palabras,
que las convierta en nube,
tal vez en pájaro;

ni que las lluvias mojen sus silencios
hasta ser río en tierra fértil.

Las palabras jamás nos pertenecen
                         —ni sus silencios—;
cuando apenas nos rozan sus caricias
vuelven a ser del aire.

Y desde el aire, puede que algún día
retornen a tus manos,
a tejer con sus hilos
las finas redes de un poema.

Algunas llevan en su aliento
el polvo del pasado,
el temblor de la luz
que nace tras vencer
                         la oscuridad.
Y quién sabe,
quizás alguna pueda
—cuando llegue el momento—
ofrecerte su mano
y ayudarte a cruzar
                         hacia otra orilla.

Parte de ti

Perdura en tu mirada
la luz de los caminos
                    que acogieron tus pasos,

las ciudades dormidas
                    que abrazaron tus miedos,

las luces y las sombras de sus calles,

las voces de los niños en las plazas;

todas ellas ya forman
                    parte de ti.

Y si cierras los ojos
                    podrás ver:

aquel vestido azul de la infancia,
las marcas que dejaron las caídas
sobre tu joven piel,
las pequeñas ausencias
                    que nunca vuelven;

cuando cae la lluvia
                    sobre los adoquines.

En tus pupilas
la claridad del mundo
que recoges.

EL CANTO DE LA LUZ

¡Y qué bello es el canto de los pájaros
cuando despierta el mundo de su noche,
cuando abres la ventana
y el día prende tus silencios!

Te transformas en mar,
en la ráfaga de aire
                    que llena de salitre
humedece la tierra.

Pero la claridad
                es siempre fugitiva,
se escapa sin apenas
poder palparla,
dejando tras de sí
                el desconcierto.

Acaso es lo que queda
                    y nada más:
una ilusión que muere
cuando llega la tarde.

¡Y qué hermoso es el canto de la luz
cuando despierta el alma
                    de entre sus sombras!

El rastro

Tus pasos abandonan los caminos
que la noche oscurece.

Ya apenas queda vida
                    sobre tu carne;
los paisajes poblados de nostalgia
donde anduvo la sed de los días,
el aire estremecido
                    de la edad.

Pero tus ojos buscan
el vuelo de las aves migratorias,
las voces que iluminan las ausencias
que todavía sientes
                    en tus entrañas.

Mas nada puede
                    devolver el pasado,

el horizonte azul que te prendía.

Cuando llegue la noche
seguiremos el rastro
de las estrellas.

AUN SABIENDO

Una larga distancia nos aleja
como separa el día de la noche,
la claridad del aire
               y sus misterios.

Alambradas de sombras
que nunca podrá el tiempo derribar.

Pero el amor buscaba en su ceguera,
en el hambre y la sed de sus raíces,
una orilla poblada
               de caracolas.

No fuiste tú
          fueron mis ojos,
la sed de mis entrañas,
que incendiaron el mar y su horizonte;

aun sabiendo que te alejabas,
quise tenerte cerca.

Hay un balcón abierto

a los jardines
       de las ausencias,
a las voces que guardan
          las esquinas,
al hedor del pasado
       entre las piedras.

Hay un mar de silencios
donde florecen
      las rosas de coral
sobre la arena blanca del olvido.

      Hay unos ojos
   dibujando horizontes
     bajo la lluvia.

A VECES

No solo el alba trae
                    la claridad,
sino también la noche;
sus silencios deslumbran
con sus briznas
                    de certeza
los ojos del que aguarda
                          en su sed.

A veces no es la luz,
sino la propia oscuridad
la que nos salva
de la ceguera.

EN OTRO MAR

Algunos ojos guardan
                    detrás de sus pupilas
una laguna azul,
una playa desierta,
un fondo de coral,
un abismo.

Quizá no supe verlo,
beber de tus palabras,
adivinar en las sonrisas
                    ese rastro de tristeza,

ese no saber qué hacer con la vida;
esa parte de ti
                    que aún me duele.

Pero el tiempo jamás regala
una segunda
                    oportunidad.
Hoy
tal vez navega
una barca vacía
en otro mar.

El alba

Las sombras nos enfrentan a los miedos;

al pasado que siempre nos susurra,
a la fría nostalgia
                    que nos aflige.

Buscas la llave de una puerta
que se cerró tras tus pisadas,
las voces que se fueron,
los balcones que nunca
se abrirán a la luz
                    del mediodía.

Y sin embargo sigues
                    mirando atrás.
Abre tus manos
                    y muestra tus heridas;

dicen que aquellos
que lucen sin pudor
                    sus cicatrices
renacen de sus lodos
y adquieren una luz
                    que deslumbra,

vuelven a ser el alba
después de ser
                    oscuridad.

REFUGIO

Escribir los silencios
hasta saciar
             lentamente la sed,
hasta ser agua
que corre entre los labios
después de una pequeña muerte;

hasta ser canto,

la luz que nos alumbra
                        más allá de la noche,
el asombro
que estremece la piel
                        en el paisaje.

La palabra es refugio,
es el aire que besa
la cicatriz del tiempo.

Calles vacías
vaharadas de tiempo
entre las piedras
y de repente el aire
llenándonos de luz.

Castell de Guadalest. Marina Alta, Alicante.

IV.
Y DE REPENTE EL AIRE

El viaje es lo que queda,
y mucha luz
temblando en la memoria del camino.
JOSÉ INIESTA

Cerezos en flor. La Vall de Gallinera, Alicante.

DONDE MORA EL AMOR

El amor está en lo que tendemos
(puentes, palabras).

JOSÉ ÁNGEL VALENTE

El amor está en tus pisadas,
en los gestos que dicen sin hablar,
en la luz que perfila tus contornos,
en las sombras que surcan tus silencios,

en cada aurora
               que despiertan tus latidos.

Pero a veces nos ciega la espesura,
y no reconocemos
puentes que se levantan
               frente a otra orilla.

Contemplar en un rostro
el vuelo esperanzado de una alondra,
el temblor de la sed
               que se esconde en los labios,
la caricia que tienden las miradas;

nos hace poderosos,
               sentir en otra piel,
casi rozar
       la eternidad.

SER POESÍA

Nada ni nadie es la poesía.

JOAN MARGARIT

Tan solo el rastro
que perdura en los ojos
tras contemplar la luz
             entre las ramas,

el perfume que vuelve
             a besar en la bruma
el tibio aliento de una ausencia,

la voz estremecida del olvido
de donde emerge
             el canto de la aurora.

Nada ni nadie es la poesía.

Tal vez,
el arrullo del agua
             en el cauce del tiempo,

el temblor de la sombra
             herida entre la carne.

LLENA DE TI

De nada sirven las palabras
cuando la niebla alcanza tus orillas,
cuando las olas vuelven
                              —con insistencia—
a borrar los caminos
                      trazados en la piel.

Pero el silencio trae
después de los naufragios
la claridad.

No fue un error vivirte entre las sombras,
recorrer las ausencias
                          que dejaste en mi carne,
acariciar el tiempo
                      ungido de nostalgia.

Lo más bello que habita
                              sobre la tierra
siempre tiene un final.

Nada ni nadie
puede escapar
a semejante ley.

*Miro mis manos
permanecen vacías
tal y como llegaron.
Solo mi boca
puede decir tu nombre
llena de ti.*

La espera

Esa es
la razón de su espera:

esperar solamente,
así,
sin esperanza.

BLAS MUÑOZ

Mirar hacia otra parte
               para olvidar
—*lo que más duele*—
aquel inmenso océano
               que nos aleja,
de poco sirve.

Ya no habrá más miradas cómplices
ni tardes compartidas
               a media luz.
Cuando la indiferencia
habita oscuros pliegues
               sobre la piel,
un frío inmenso nos recorre
               y la distancia crece
entre nosotros

—*nosotros,*
   que nos amamos tanto—.

Se construye el silencio
que jamás podrá el aire
                    derribar,
un mar añil separa
                lo que un día el destino
quiso unir para siempre.

—*Para siempre*
  nunca es
  para siempre—.

Ya no habrá más auroras
                    en esta casa.

—*Pero sigues ahí,*
esperando a que llegue
sabiendo que quizás
                ya nunca vuelva—.

TIERRA EXTRAÑA

No como algunos faros
que llenan los vacíos
                    de claridad
y ponen rumbo a nuestra travesía,

algunos mares sin querer nos pierden
cuando la niebla borra
                    el horizonte.

Navegar en sus aguas,
descubrir en sus pliegues
los restos de un naufragio,
el hedor de una ausencia
que ya no volverá
                    a florecer,

es desatar al viento
todas las lluvias
                    que mojaron la carne,
la vida entera
            en un suspiro.

                    Cuando rompen sus olas
                        nos encontramos
                    solos en tierra extraña
                    y sin saber
                            cómo ha sido.

TAL VEZ UN DÍA

Aquello que tú das siempre regresa;

de una forma u otra vuelve
el calor de tus manos,
                 sus caricias,
el surco que tu aliento
                     dejó sobre otra carne,
la palabra que busca
                 acariciar las sombras.

Cada paso que das
               deja un camino,
y aunque conozcas
                 con certeza el final,

no han de extraviar tus ojos
el asombro sincero,
                   su inocencia,
la hermosura que el aire
                     sostiene entre tus labios.

Aquello que tú siembras
tal vez un día
pueda alcanzarte.

Es un misterio

Todos tenemos una tierra propia

FRANCISCA AGUIRRE

Existe en ti
    algo que nadie sabe:

una estancia vacía
      habitada de sombras,

un pequeño jardín
        donde duerme la lluvia,
donde el tiempo remansa
          toda la sed de la carne
        —la que tus labios
          no pudieron saciar—,
donde florecen
      amapolas y espigas.

Y en esa *tierra propia*
        que nadie logra ver
crecen entre las flores
        los aciagos silencios,
los pétalos marchitos
        que abrigan el dolor;

pero también
sus profundas raíces
hacia la oscuridad.

Es un misterio
la vida que hoy alienta
bajo las sombras,
la claridad que muere
entre unos muros
                    infranqueables.

VOLVER

Al pasado se vuelve
                desde la calma,
desde la sombra hendida entre las hiedras.

Una muesca en el tiempo
                        donde habitan los rostros
que prendieron los días.

Al pasado se vuelve
                desde la noche,
desde un cajón
                repleto de vacíos,

desde una prenda gastada
y sus blancos botones
                        de nácar.

Y al oler el perfume
                        que devuelve la lluvia

entre sus pliegues
amanece el dolor,
                la vieja herida.

ARQUEOLOGÍA

Tus ojos acarician las teselas
del tiempo y sus derribos,
texturas que describen
el afán de belleza
                    sobre la arcilla.

Utensilios de hueso
que dejaron su rastro
hendido en la materia.

Yacimientos de olvido
sobre los que amanece
un caudal de vida.

Hoy te sorprenden
las huellas de otros hombres
bajo la tierra,
todavía respiran
en ese mar oscuro
                    de frío y fango.

BAJO LA LLUVIA

Las palabras contienen el perfume
que el tiempo regaló sobre tu piel,
el aire y la sed de las auroras
sobre orillas desiertas,
                               olvidadas.
Y en sus sombras perdura
el olor de los campos,
                               sus arcenes,
el hinojo, la hierba
                               recién cortada,
el azul de los mares,
                               sus tormentas.

Cada palabra guarda
la luz y el polvo del camino
donde anduvieron
                               tus pasos

y cuando alcanzan otra piel
                               —en ese roce—
dejan el rastro hendido de su aroma.

Entre las grietas
florecen sus semillas
bajo la lluvia.

Vivir es habitáculo

(alguien respira)

la parte de uno mismo que no es nuestra

Luis Miguel Sanmartín

ES EL RUIDO que oculta los silencios,
el pulso de tus sombras,
                    los latidos;

es el baile
que encadena los pasos,
                    su armonía.
El surco,
la grieta desde donde
la oscuridad devora
                    la voz que nace dentro,
el ansia de ser lluvia.

Es el cauce que doma,
caudal que empuja
y desgasta los cantos,
                    sus aristas;

hasta ser mar
                    conteniéndote.

Es tormenta que aflora en las entrañas
y acaba siendo
solo un rastro de sal sobre la arena.

TUS GESTOS hoy delatan
aquello que ni tú mismo conoces,
esa parte de ti
      que aún ignoras.

En los pliegues oscuros de tu carne
allí duermen quizás,
en el surco que dejan las tormentas
las dudas, las heridas,
      el pasado,
pero también
los miedos que cabalgan desbocados,
que atraviesan las playas del olvido
y mecen sus tentáculos
      bajo la luna.

Casi nada conoces
      de ti mismo.

A veces te sorprende tu dolor,
el vello de tu piel cuando se eriza,
ese mar que se abre
      frente a tus ojos.

Y navegas desnudo entre sus olas
aferrado a un timón imaginario
sin saber los motivos
      que te mueven.

Toda razón alienta entre las sombras
el pulso silenciado de la vida;

aquello que te empuja y que te amarra
encuentra en tu pasado
                    el origen,
en las aguas más turbias
                      la memoria.

Si alguna vez, el musgo cubre todas las grietas que el tiempo hendió sobre la carne y tu mirar se vuelve líquido, extraviando en el recuerdo sus tormentas, siempre permanecerá un reflejo de luz antigua en las pupilas.

Los cuerpos jamás olvidan el pasado, aunque su voz lo ignore. Las orillas desiertas a media tarde, las casas donde uno fue feliz, los peldaños oscuros del silencio, las caricias teñidas de dolor; siempre dejan un surco, un camino, la erosión de la sed, la fatiga.

Si alguna vez, allí donde la lluvia remansa su tristeza, se extingue el agua, quedará un vacío, el hedor de la ausencia.

Isla de Tabarca, Alicante.

ÍNDICE